Werner Färber

Kleine Geschichten vom Igel Ingo

Illustrationen von Pieter Kunstreich

Loewe

Die Deutsche Bibliothek – CIP-Einheitsaufnahme

Kleine Geschichten vom Igel Ingo / Werner Färber.
Ill. von Pieter Kunstreich. – 1. Aufl. – Bindlach : Loewe, 1998
(Lirum Larum Bildermaus)
ISBN 3-7855-3242-3

Dieses Buch ist auf chlorfrei gebleichtem Papier gedruckt.

ISBN 3-7855-3242-3 – 1. Auflage 1998
© 1998 Loewe Verlag GmbH, Bindlach
Umschlagzeichnung: Pieter Kunstreich
Redaktion: Anne Grimmer

Inhalt

Ab ins Bett	8
Flussfahrt ohne Igel	13
Stacheln für alle Fälle	21
Nächtlicher Ausflug	31
Wettrennen	39
Holz für den Winter	48

Ab ins Bett

Die ☀ geht auf. Im der 🕷 glitzern die 💧. Außer ein paar 🐦 ist noch niemand wach. Es ist noch früh. Aber was ist das? Raschelt da nicht was im 🌱? Da ist ja doch schon jemand auf.

Der kleine  Ingo kehrt zu seinem  zurück. Ingos  ist kaum zu sehen, weil es unter  und  versteckt ist.

Der kleine  gähnt und reibt

sich die . Er ist schon

sehr lange unterwegs. Er hat

 gesucht. Und ein paar

hat er auch mitgebracht.

Ingo holt den 🗝️ hervor und öffnet seine 🚪. Im 🏠 stellt er den vollen 👜 ab.

Auspacken kann er später.

Er zupft noch ein paar 🍃 und 🫐 von seinen 🦔.

Dann wirft er sich aufs  .

Schon fallen Ingo die  zu.

Der kleine  muss sich erst

einmal ausschlafen.

Flussfahrt ohne Igel

Ingo geht mit der 🐭, dem 🐿️

und dem 🦊 zum 🌳

hinunter. Sie spannen ein 🥅

und spielen ⚽. Auch der 🦊

kommt heute zum 🌳. Er hat

sein neues 🛶 dabei.

Mit der 🛠️ pumpt er es auf.

Die anderen schauen ihm neugierig zu. „Ist das  auch wirklich sicher für den wilden  ?", fragt der kleine . „Na klar, mit mir als  !", antwortet der

Stolz rückt er seine  zurecht.

„Will jemand mitfahren?", fragt er

und legt die 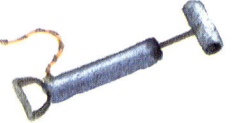 weg. „Au ja!",

rufen alle. Die , der

und das  steigen ein.

Das  schwankt und schaukelt. „Halt!", sagt der  zum kleinen . „Du kommst nicht mit. Du machst mir nur ein ins ."

„Wenn Ingo nicht mitdarf, bleibe ich auch hier", sagt die und steigt wieder aus. „Und wir fahren auch nicht mit", sagen der und das .

„Selbst schuld", sagt der  .

Verärgert macht er die  los

und stößt sich mit dem ab.

Dabei schrammt das

gegen einen spitzen .

Trotzdem rudert er auf den

hinaus. Weit kommt er nicht.

„Hilfe!", schreit der . Sein

 wird ganz schlaff.

„Schnell, der große  geht unter!", ruft Ingo. Er greift sich einen langen und hält ihn in den . Zusammen mit den anderen zieht der kleine den nassen heraus.

Stacheln für alle Fälle

„Autsch!", schreit der kleine .

Schon wieder hat ihm jemand

einen  ausgerissen.

Diesmal war es die . Sie will

ein aufhängen und braucht

einen . „Meine  sind

keine !", ruft Ingo empört.

Die  fliegt wortlos davon. Der kleine ist sauer.

Gestern hat ihm der einen  ausgerissen.

Er wollte sich etwas zwischen seinen  hervorholen.

Vorgestern brauchte der
eine , um seine  zu
flicken. Zack, riss er Ingo einen
aus. Wenn das so weitergeht, hat
der kleine  bald eine .

Entschlossen geht er zum .

„Kannst du mir mal deine

leihen?", fragt Ingo. „Nein, ich

habe weder 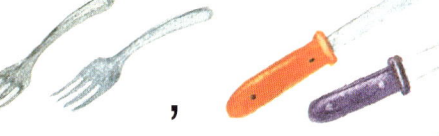,

noch ", antwortet der .

„Und was ist das?", fragt der kleine . Er zieht dem  kräftig an seinen .

„Aua, das tut weh", sagt der . „Ach ja?", fragt Ingo.

Gut gelaunt spaziert er weiter.

„Kannst du mir bitte helfen?", fragt der kleine  den  .

„Worum geht's denn?", will der  wissen. „Mein  ist schmutzig. Ich brauche mal deine  ." „Welche  ?", fragt der  verwundert. „Na, diese hier", sagt der kleine  .

Schon packt er den
am  und zieht, so fest er
kann. „Aua!", schreit der  .

„Das hat doch nicht etwa

weh getan?", fragt Ingo verwundert.

Die 🪿 kommt angewatschelt.

Sie lacht sich schief und krumm.

„Ach, übrigens", sagt Ingo, „ich

brauche dringend eine 🪶,

um einen ✉ zu schreiben."

Da hält die  ganz schnell

den  und fliegt davon.

Der kleine ist zufrieden.

So schnell wird ihm wohl keiner

mehr einen klauen.

Nächtlicher Ausflug

Kugelrund leuchtet der .

Die ✨ funkeln durch

die 🍃. Der kleine 🦔

streift umher und sucht etwas

zu fressen. Bald kommt er an

eine . Ingo schaut nach

links und sieht zwei 🌟🌟.

Ein riesiger  donnert an ihm vorbei. Die 🛣️ bebt und zittert. Der kleine 🦔 schaut nach rechts. Von rechts kommt nur ein ☀️ auf ihn zu.

Es ist ein 🏍. Dann kommt

nichts mehr. Ingo schaut noch

einmal nach links. Auch nichts.

Schnell rennt er über die 🌿.

Geschafft! Plötzlich hebt der kleine  seine . Was riecht denn da so lecker? Ingo schnuppert weiter und gelangt an ein . Nun aber vorsichtig!

Hinter dem  entdeckt der kleine  einen . Er ist halb voll und riecht nach .

Ingo schaut sich um. Weit und breit ist kein  zu sehen.

Schnell frisst er den  leer. Plötzlich kommt der  bellend auf ihn zu. Ingo läuft, so schnell er kann. Eine  rasselt.

Der  kann nicht mehr weiter. Die  ist zu kurz.

Der kleine  rennt zur , schaut links, rechts, links.

Kein , schnell hinüber.

Erst als er die schützenden

erreicht, setzt sich Ingo unter

einen und verschnauft.

Puh, das war knapp.

Wettrennen

Der kleine 🦔 Ingo sitzt auf seiner 🪑 und liest. Da kommt der 🐰 mit einem 🧺 voller 🥕 den 🌱 herauf. „Was liest du da?", fragt der 🐰.

„Der 🐰 und der 🦔", antwortet Ingo, ohne aufzusehen.

„Das  kenne ich. Der

verliert aber nur, weil die

zu zweit sind und mogeln", sagt

der  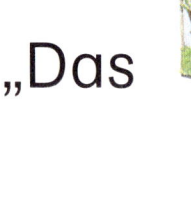 . „Richtig", sagt Ingo.

Nachdenklich kaut der  an einer . „In echt sind schneller", sagt er. „Ein  kann manchmal auch schneller sein", erwidert der kleine .

Der  schüttelt den .

„Das glaube ich nicht."

„Wollen wir wetten?", fragt Ingo.

Der  ist sofort einverstanden

und reicht Ingo die .

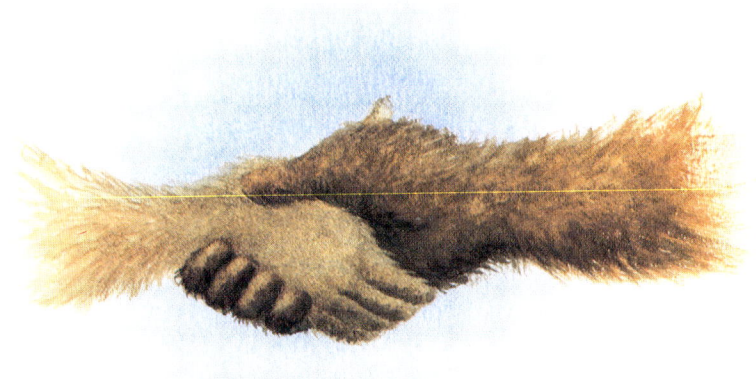

„Den 🪨 hinunter bis zum 🌾 ", sagt Ingo. „Wer verliert, muss den anderen den 🪨 wieder hinauftragen." „Wie willst du das denn schaffen?", fragt der 🐰.

Der kleine  klappt sein

zu und legt es auf die .

Der  schnürt seine

fester. Er trippelt mit den .

„Eins, zwei, drei, los!", ruft er.

Der  jagt durchs  davon. Ingo stößt sich kräftig ab und macht sich klein. Wie ein  mit  rollt der kleine  hinterher.

Er holt den 🐰 ein und

saust wie eine 🚀 an ihm vorbei.

Ganz unten holpert Ingo über

einen großen 🪨 und landet

direkt im weichen 🌾 .

Mit hängender 🌼 kommt der 🐰 an. „Ich bin schon da", sagt der kleine 🦔. „Jetzt darfst du mich wieder hinauftragen."

Holz für den Winter

Ingo springt erschrocken

vom  . Die  wackelt,

ein  rollt vom  .

Es rumpelt und kracht. Dann ist

es wieder still. Der kleine

schiebt den  weg und

schaut aus dem  .

Draußen sieht er einen

mit einem . Daneben

stehen der  und ein paar

. Sie tragen alle .

Der  zeigt den , welche ⬛🌲🌱 gefällt werden müssen. Schon knattert eine 🪚 los. Wie das stinkt und staubt.

„Sicher ist sicher", denkt Ingo und verlässt sein 🏠.

Der kleine  versteckt sich

unter einem  . Nur die

schwarze 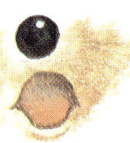 schaut noch

hervor. „ fällt!", ruft ein  .

Krachend landet der

knapp neben Ingos  .

Immer wieder heult die .

Mit schweren  schlagen die  die  ab. Abends werden die gefällten  auf den großen  geladen.

Der  tuckert davon.

Endlich ist es wieder ruhig.

Schnell läuft der kleine

zu seinem  zurück.

Die klemmt ein bisschen.

Aber sonst ist nichts kaputt.

Die herumliegenden 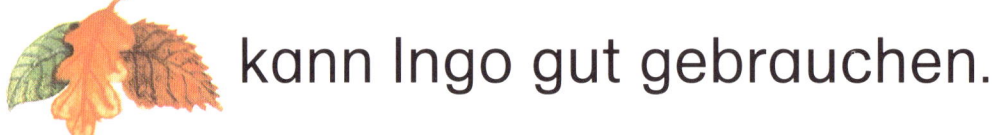 und kann Ingo gut gebrauchen.

Bald wird es kalt. Dann hat der kleine  gleich was zu heizen.

Die Wörter zu den Bildern:  Äste

 Sonne  Blätter

 Netz  Augen

 Spinne  Beeren

 Tropfen  Äpfel

 Vögel  Schlüssel

 Gras  Tür

 Igel  Rucksack

 Haus  Stacheln

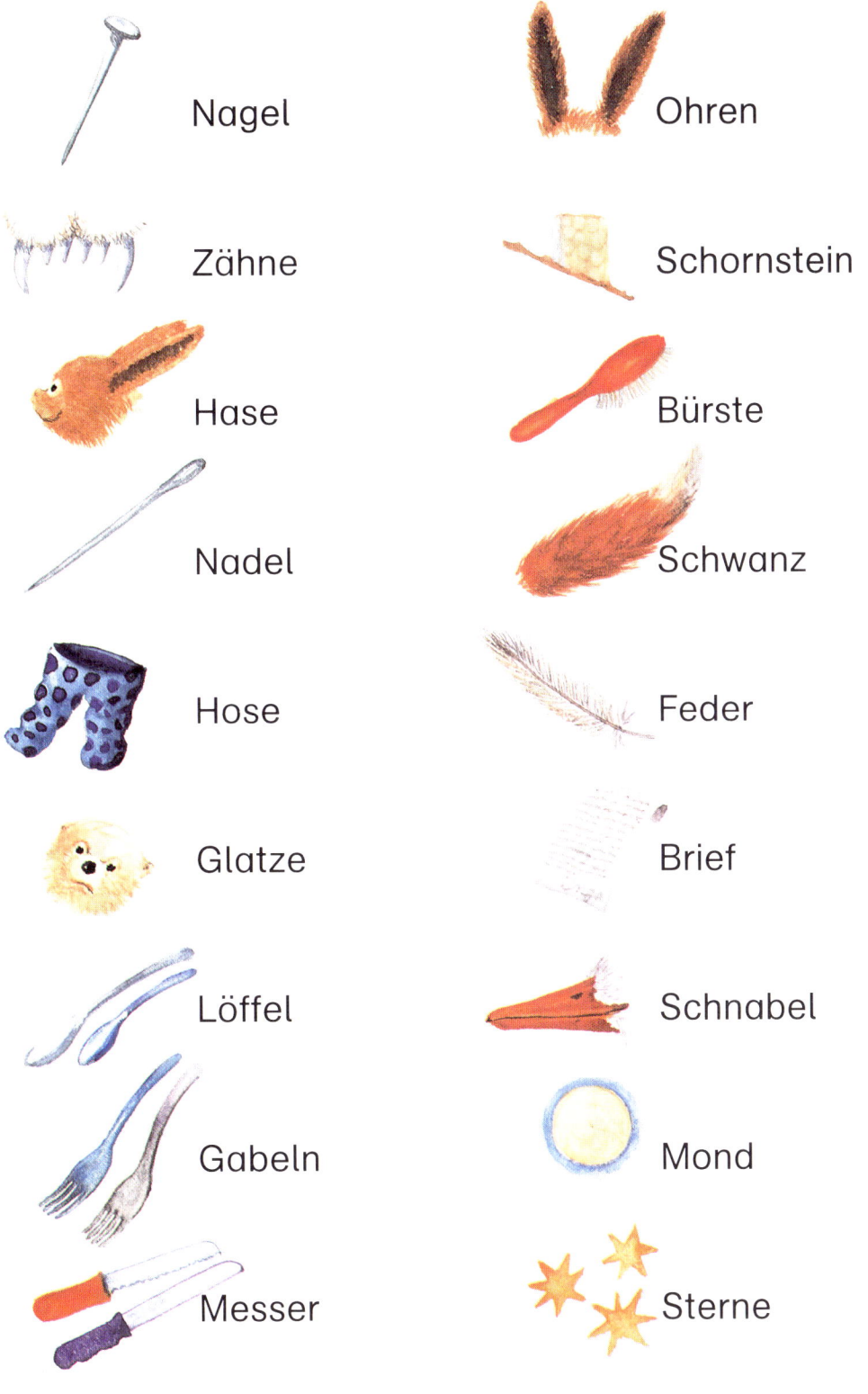

 Straße
 Bäume

 Lichter
 Busch

 Lastwagen
 Bank

 Motorrad
 Korb

 Schnauze
 Karotten

 Fressnapf
 Weg

 Hund
 Buch

 Kette
 Kopf

 Auto
 Pfote

 Berg
 Vorhang

 Heuhaufen
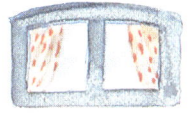 Fenster

 Turnschuhe
 Traktor

 Füße
 Wagen

 Rakete
 Förster

 Zunge
  Männer

 Stuhl
  Helme

 Lampe
 Motorsäge

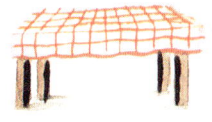 Tisch
 Äxte

Werner Färber wurde 1957 in Wassertrüdingen geboren. Er studierte Anglistik und Sport in Freiburg und Hamburg und unterrichtete anschließend an einer Schule in Schottland. Seit 1985 arbeitet er als freier Übersetzer und schreibt Kinderbücher.

Pieter Kunstreich wurde 1949 geboren. Er studierte an der Fachhochschule Hamburg, Fachbereich Gestaltung mit dem Schwerpunkt „Informative Illustration". Seit 1975 arbeitet er als freiberuflicher Illustrator, vor allem in den Bereichen Kinderbuch, Kindersachbuch und Schulbuch.

Kurze Geschichten rund um eine beliebte Figur

Geschichten von der Hexe Hortense

Geschichten vom kleinen Maulwurf

Geschichten vom Förster Fridolin

Geschichten vom kleinen Weihnachtsmann

Geschichten vom Gespenst Gundula

Geschichten vom Cowboy Billy

Geschichten vom kleinen Polizisten

Geschichten vom kleinen Seehund

Geschichten vom Baggerführer Berti

Geschichten von der kleinen Katze

Geschichten vom Drachen Dragomir

Geschichten vom kleinen Piraten

Geschichten vom Pony Panino

Geschichten von der Tierärztin Tina

Kleine Geschichten vom Feuerwehrmann Florian

Geschichten von den lustigen Zahlen

Kleine Geschichten von der Prinzessin Pia

Kleine Geschichten vom Bären Bruno

Kleine Geschichten von der Nixe Nicky

Kleine Geschichten vom Clown Coco

Loewe